Liebe/r

statt irgendwelchem sinnlosen Zeug,
schenke ich Dir lieber meine Zeit.
Für gemeinsame Erlebnisse und
unbezahlbare Erinnerungen.

Dein/e

Gutschein

Für

9 771473 968012 >

Eingelöst am

Gutschein

9 771473 968012 >

Gutschein

Für

9 771473 968012 >

Eingelöst am

Gutschein

Gutschein

Für

9 771473 968012 >

Eingelöst am

Gutschein

9 771473 968012 >

Gutschein

Für

Eingelöst am

Gutschein

9 771473 968012 >

Gutschein

Für

Eingelöst am

Gutschein

Gutschein

Für

Eingelöst am

Gutschein

9 771473 968012 >

Gutschein

Für

Eingelöst am

Gutschein

Gutschein

Für

Eingelöst am

Gutschein

9 771473 968012 >

Gutschein

Für

Eingelöst am

Gutschein

9 771473 968012 >

Gutschein

Für

9 771473 968012 >

Eingelöst am

Gutschein

9 771473 968012 >

Gutschein

Für

Eingelöst am

Gutschein

9 771473 968012 >

Gutschein

Für

Eingelöst am

Gutschein

9 771473 968012 >

1. Auflage
Umschlaggestaltung/Illustration: Carolin Neitsch
Herausgeber: Carolin Neitsch, Weiler Weg 4, 61276 Weilrod
Verlag und Druck: Amazon Media EU S.à r.l., 5 Rue Plaetis, L-2338, Luxembourg
ISBN: 9781674722979

Bibliografische Information der Deutschen Nationalbibliothek:
Die Deutsche Nationalbibliothek verzeichnet diese Publikation in der Deutschen Nationalbibliografie;
detaillierte bibliografische Daten sind im Internet über http://dnb.d-nb.de abrufbar.

Printed in Poland
by Amazon Fulfillment
Poland Sp. z o.o., Wrocław